AF544574
Dieses Buch gehört

Nadine Strauß

Sisi

Die Geschichte einer echten Prinzessin

Morstadt

Bibliografische Information der Deutschen Nationalbibliothek
Die Deutsche Nationalbibliothek verzeichnet diese Publikation in der Deutschen Nationalbibliografie; detaillierte bibliografische Daten sind im Internet über http://dnb.dnb.de abrufbar.

Verlagsprogramm und weitere Informationen unter
www.morstadt-verlag.de

2., durchgesehene Auflage 2017
Illustrationen: Yannick Lefrançois, Barr/Elsass
Buchgestaltung, Umschlaggestaltung und Mettage: Tjalf Boris Prößdorf, München
Druck und Bindung: Westermann Druck Zwickau GmbH
ISBN 978-3-88571-367-8

Inhalt

Warum Prinzessinnen erfinden, wenn es doch echte gibt?!

Die meisten Märchen beginnen mit „Es war einmal ...“. Diese Geschichte nicht, denn sie ist kein Märchen. Sie erzählt nicht von einer erfundenen Prinzessin. Diese Geschichte ist wahr, und alles, was du hier lesen kannst, ist wirklich so passiert.

Ich erzähle dir die Geschichte von Sisi. Vielleicht hast du schon von ihr gehört, vielleicht hast du einen Spielfilm oder die Zeichentrickserie gesehen? Willst du wissen, wie diese Prinzessin wirklich war? Sisi, die ja eigentlich Elisabeth hieß und später Kaiserin von Österreich wurde, war eine faszinierende Frau, die viel erlebt hat. Davon will ich dir berichten.

Dieses Buch ist aber nicht nur zum Lesen da. Es gibt ein paar Dinge, bei denen du selber mitmachen kannst. Die Zeichnungen in diesem Buch sind Suchbilder. In jedem Bild ist einer der Diamantsterne versteckt, die Sisi manchmal im Haar trug. Es gibt auch ein Gugelhupfrezept zum

Nachbacken. Darüber hinaus findest du ein Spiel, das dich dorthin führt, wo Sisi gelebt hat. Außerdem habe ich noch ein Kreuzworträtsel für dich. Wenn du beim Lesen gut aufpasst, kannst du es mühelos lösen.

Ich wünsche dir viel Spaß!

Nadine Strauß

Kleine Prinzessin Sisi

Im Jahr 1837, also vor fast einhundertachtzig Jahren, kam in der bayerischen Hauptstadt München eine kleine Prinzessin zur Welt. Ihr Name war Elisabeth Amalie Eugenie. Aber sie wurde von allen nur Sisi genannt. Ihr Geburtstag war der 24. Dezember, der Heilige Abend.

Sisi hatte acht Schwestern und Brüder. Ihr Vater hieß Max und trug den Titel „Herzog in Bayern". Ihre Mutter Ludovika war sehr nah mit dem bayerischen König verwandt. Bayern ist heute ein Teil der Bundesrepublik Deutschland. Damals war es aber ein Land für sich – mit einem König und allem, was dazu gehörte.

Sisis Eltern besaßen zwei Häuser – eines für den Winter und eines für den Sommer. Früher war es nämlich so, dass es nicht in allen Häusern eine Heizung gab. Sisi wurde also im Winterhaus geboren – es war ja Dezember. Wenn es Frühling wurde, zog die Familie um, in das Sommerhaus am Ufer eines schönen, großen Sees. Dieses Haus war aber nicht einfach ein Haus – es war ein richtiges Schloss – Schloss Possenhofen am Starnberger See.

Sisi gefiel es im Schloss und vor allem am See viel besser als in der Stadt. Hier hatte sie viel mehr Platz zum Spielen und konnte sich mit ihren Geschwistern in dem großen Park, der zum Schloss gehörte, frei bewegen. Wenn es richtig warm war, konnte man in dem See natürlich auch baden. Sisi hatte sehr viel Spaß dort.

Sie besaß auch viele Tiere – vor allem Hunde und Pferde. Sie war richtig vernarrt in ihre Pferde und konnte schon bald sehr gut reiten.

Selbstverständlich musste Sisi auch etwas lernen. Dazu besuchte sie aber nicht wie andere Kinder die Schule. Die Lehrer kamen stattdessen zu ihr und zu ihren Geschwistern nach Hause. Das war so üblich bei den Leuten, die mit einem König verwandt waren. Damit zeigte man, dass man Geld hatte und sich eigene Lehrer leisten konnte. Außerdem wurden einer Prinzessin wie Sisi ganz andere Sachen beigebracht als den normalen Kindern. Zum Beispiel lernte sie schon als kleines Mädchen drei Sprachen: Englisch, Französisch und Latein. Sie bekam auch Tanzunterricht, und ihr wurde gezeigt, wie man sich zu benehmen hatte. Das war sehr wichtig, denn wenn man einmal dem König begegnete, musste man wissen, was sich gehörte, und vor allem, was sich nicht gehörte.

Sisis Eltern waren sehr reich und mussten deshalb nicht arbeiten gehen. Ihre Mutter hatte also viel Zeit für die Kinder, und auch der Vater war oft zu Hause. Er ging gerne auf die Jagd, das war sein Hobby. Wenn Sisi ganz brav war, durfte sie mit in den Wald. Das liebte sie sehr.

Sisis Vater war ebenfalls ein sehr guter Reiter. Von ihm hatte sie auch das Reiten gelernt. In dem Haus in München, das ein prächtiger Stadt-Palast war, hatte er sogar eine Zirkusmanege aufbauen lassen, wo er selbst manchmal Kunststücke vorführte.

Prinzessin Sisi war ein glückliches Kind. Sie war ein kleiner Wirbelwind und tobte, sooft es ging, mit ihren Geschwistern durch den Park und die Wälder. Sie war sehr froh, dass sie so frei und ungezwungen leben durfte und nicht zur ganz engen Familie des Königs gehörte. Dort war der Alltag nämlich viel strenger. Ihre Cousins und Cousinen mussten sich den ganzen Tag über benehmen, weil oft wichtiger Besuch da war. Das war in Possenhofen nicht so. Sisi musste auch nicht immer perfekt herausgeputzt sein. Die Kleider ihrer Cousinen waren zwar viel schöner und prachtvoller als ihre, aber sie waren doch manchmal sehr unbequem und zum Reiten oder Spielen gar nicht geeignet. Es war nicht so schlimm, wenn Sisi einmal in eine Matschpfütze fiel. Ihre Cousinen hätten dafür großen Ärger bekommen. Sisi hatte es wirklich gut.

Eine Braut für den Kaiser

Als Sisi fünfzehn Jahre alt war, ereignete sich etwas sehr Spannendes in ihrer Familie: Ihre vier Jahre ältere Schwester Helene sollte heiraten. Der zukünftige Ehemann sollte ihr beider Cousin Franz Joseph I.♔, der Kaiser von Österreich, sein. In Österreich gab es Kaiser und keine Könige. Es bedeutete aber fast das Gleiche. Franz Joseph war also der mächtigste Mann in seinem Land.

Früher war es in den Familien des hohen Adels und ganz besonders bei Königen und Kaisern meist so, dass man sich nicht selbst aussuchen konnte, wen man heiraten wollte. Oft entschieden die Eltern darüber, wer das sein würde. Vor allen Dingen musste es jemand sein, der standesgemäß, also ebenfalls von hohem Adel war. Ein Mann oder eine Frau aus dem einfachen Volk wäre nicht

♔sprich: der Erste

in Frage gekommen. Die Person durfte auch nicht arm sein, sie musste gebildet sein und sie musste feine Manieren besitzen. Man sollte, wie man das nennt, eine gute Partie machen. Herzogin Ludovika und Franz Josephs Mutter, die gleichzeitig Ludovikas Schwester und somit Helenes und Sisis Tante war, waren sich einig, dass Helene die geeignete Ehefrau für den österreichischen Kaiser wäre.

Franz Joseph war noch sehr jung, aber sein Vater besaß nicht die Fähigkeit zu regieren und konnte deshalb nicht Kaiser werden. Also hatte Franz Joseph den Thron übernommen.

Franz Joseph und Helene hatten sich zuvor erst ein einziges Mal gesehen und konnten sich kaum mehr aneinander erinnern. Nun sollten sich die beiden zu Franz Josephs 23. Geburtstag am 18. August 1853 treffen und kennenlernen. Die Begegnung sollte in Ischl stattfinden, einer hübschen kleinen Stadt in Österreich, wo Franz Joseph wie jedes Jahr viele Gratulanten in seiner Sommervilla empfing. Helene reiste gemeinsam mit ihrer Mutter hin, und Sisi durfte die beiden begleiten.

Helene und Franz Joseph waren sich gleich sehr sympathisch. Herzogin Ludovika und die Mutter des Kaisers, Erzherzogin Sophie, hatten geplant, dass sich das Paar noch in Ischl verloben und die Heiratsabsicht gleich den anderen Geburtstagsgästen bekannt geben sollte. Doch würden sie wirklich Ja zueinander sagen? Wären sie dazu bereit, ein ganzes Leben miteinander zu verbringen? Würde Franz Joseph Helene zur Frau und Kaiserin haben wollen? Viel Zeit zum Kennenlernen ließ man ihnen schließlich nicht. Und da war ja auch noch Sisi ...

Sisi war ebenfalls zu den verschiedenen Geburtstagsfeierlichkeiten eingeladen – mal zum Essen, mal zum Tee. Dabei lernte auch sie Franz Joseph kennen. Sisi war sehr beeindruckt von ihm. Er war ja schließlich der Kaiser eines mächtigen Landes. Die beiden sprachen oft miteinander und verbrachten viel Zeit zusammen.

Schon bald schwärmte Franz Joseph seinem Bruder von Sisi vor. Und auch bei Sisi spukte Franz Joseph im Kopf herum. Die beiden hatten sich ineinander verliebt. Da konnte der Plan ihrer Mütter noch so ausgefeilt sein, Franz Joseph wollte Sisi heiraten und sonst keine. Das war für alle eine riesige Überraschung.

Aber nicht alle freuten sich darüber. Erzherzogin Sophie, die Mutter des Kaisers, war völlig schockiert. Franz Joseph hatte ihr eigentlich noch nie widersprochen. Außerdem war Sisi doch noch viel zu jung

und überhaupt nicht vorbereitet auf die Pflichten einer Kaiserin. Umso mehr war die Erzherzogin erstaunt über die Entscheidung ihres Sohnes.

Auch Helene war im ersten Moment natürlich traurig, aber sie liebte ihre Schwester Sisi über alles und gönnte ihr das Glück. Helene heiratete später einen Prinzen von Thurn und Taxis, mit dem sie viele Jahre sehr, sehr glücklich war.

Es war also beschlossen: Franz Joseph würde Sisi heiraten. Noch in Ischl wurde der Termin für die Hochzeit festgelegt. Sie sollte schon im April des darauffolgenden Jahres stattfinden. Sisi fuhr mit ihrer Familie nach Bayern zurück. Dort machten sich alle sofort an die Vorbereitungen für das große Ereignis.

Abschied von daheim

Für Sisi war das alles sehr aufregend. Aber auch sehr anstrengend. Sie musste noch so viel lernen, um ihre künftigen Aufgaben als

Kaiserin erfüllen zu können, und dafür blieb nicht einmal mehr ein Jahr Zeit. Auf dem Unterrichtsplan standen zum Beispiel Sprachen. Sie konnte zwar schon Latein, Englisch und Französisch sprechen, aber jetzt kamen noch Böhmisch, Kroatisch und Ungarisch dazu. Das Sprachenlernen fiel Sisi eigentlich gar nicht so schwer, aber sie fand es ziemlich langweilig. Viel besser gefielen ihr da die Tanzstunden.

Die Geschichte ihres neuen Landes Österreich musste sie selbstverständlich auch kennen. Die österreichische Geschichte war ja gleichzeitig die Geschichte ihres zukünftigen Ehemanns und seiner Familie. Sie musste über die bereits Verstorbenen genauso gut Bescheid wissen wie über die Personen, denen sie am österreichischen Hof begegnen würde. Es wäre ganz schön peinlich gewesen, wenn sie das eine oder andere Mitglied ihrer neuen Familie nicht erkannt hätte.

Das Wichtigste und gleichzeitig Schwierigste war aber das Auswendiglernen des „Spanischen Hofzeremoniells“. Das war ein dickes Buch voller Regeln. Darin war alles aufgeschrieben, was die Personen bei Hofe wie, wann, wo und vor allem mit wem machen durften und was nicht. Vor allem die Diener und Hofdamen hatten

Spanisches Hofzeremoniell
Ungarisch
Österreich
Ungarn
Böhmisch
Kroatisch
Die Habsburger

sehr viel zu beachten. Niemand durfte die künftige Kaiserin mit „Sisi“ oder „Elisabeth“ ansprechen. Sie musste immer mit „Kaiserliche Hoheit“ angesprochen werden. Auch durfte zum Beispiel niemand sagen: „He, Hoheit, brauchst du noch was?“ Das musste heißen: „Haben Kaiserliche Hoheit noch einen Wunsch?“ Die Bediensteten durften ihrer Herrschaft auch niemals den Rücken zudrehen. Wenn sie ein Zimmer, in dem sich ein Mitglied der kaiserlichen Familie befand, verließen, mussten sie rückwärts zur Tür gehen. Dabei verneigen mussten sie sich auch. Sie durften niemandem direkt in die Augen schauen. Das war nicht immer so einfach. Aber es gab keine Ausnahmen, die Regeln mussten immer eingehalten werden.

Auch Sisi hatte viele Regeln zu beachten. Sie durfte zum Beispiel nicht alleine einkaufen gehen. Sie musste immer jemanden zur Begleitung mitnehmen – wenn sie überhaupt zum Einkaufen durfte, denn das war eigentlich viel zu gefährlich. Also kamen Schneider oder Hutmacher und so weiter häufig zu ihr ins Schloss.

Sisi musste auch lernen, wie man als Kaiserin auftrat. Zuhause hatte ihr Benehmen keine große Rolle gespielt, aber in ihrer neuen Position war das anders. Zum Beispiel durfte sie nun nicht mehr rennen. War sie in Possenhofen stets durch Schloss und Park getollt, so ging das jetzt nicht mehr. Stattdessen musste sie lernen, wie man in den höfischen Kleidern ging, ohne hinzufallen. Diese waren nämlich bodenlang, und wenn man nicht aufpasste, trat man auf den Saum und stolperte. So etwas durfte einer Kaiserin nicht passieren.

Da wir gerade von Kleidern sprechen: Zu den Vorbereitungen der Braut gehörte natürlich auch, Sisis Aussteuer zusammenzustellen. Als Aussteuer bezeichnete man all die Dinge, die ein Mädchen von seinen Eltern mitbekam, wenn es heiratete. Man kann sich vorstellen, dass das bei einer künftigen Kaiserin nicht wenige waren. Sisi brachte allein über hundert Paar Schuhe mit nach Österreich. Und das waren eigentlich noch viel zu wenige. Es war nämlich eine alte Sitte, dass die Kaiserin jedes Paar Schuhe nur einen einzigen Tag lang tragen durfte.

Es gab also ganz schön viel zu tun. Sisi war das alles zu viel, und sie hatte jetzt schon Heimweh. Den See, die Berge, ihre Tiere und ihre Eltern und Geschwister würde sie natürlich in Bayern zurücklassen müssen. Darüber war sie sehr traurig. Andererseits freute sie sich sehr auf ihr Leben mit Franz Joseph. Er besuchte sie in dieser Zeit auch einmal in Bayern, um zu sehen, ob es seiner zukünftigen Frau gut ging und ob die Brautvorbereitungen gut vorankamen.

Franz Joseph erzählte seiner Sisi auch schon ein bisschen von ihrer neuen Heimat. Sie würden zusammen in Wien leben. Wien war – und ist es auch heute immer noch – die Hauptstadt von Österreich. Sisi sollte die wichtigste Frau in diesem riesigen Land werden. Sie war sehr gespannt, aber sie hatte auch Angst vor dem, was sie dort erwartet. Außer Franz Joseph und seiner Mutter kannte sie ja noch niemanden in Wien. Ihre Eltern und Geschwister sprachen ihr Mut zu, und Sisi fieberte dem großen Ereignis entgegen. Die Zeit verging für sie wie im Fluge.

Österreichs neue Kaiserin

Im April 1854 ging es endlich auf große Reise. Sisi fuhr mit ihrer Familie per Schiff donauabwärts Richtung Wien. Die Donau ist der längste Fluss in Europa und fließt durch ganz Bayern und Österreich. Das Schiff trug den Namen „Franz Joseph“. Der Kaiser selbst kam in der oberösterreichischen Stadt Linz an Bord. Gemeinsam fuhren sie weiter nach Wien. Die Reise dauerte insgesamt drei Tage. Als das Schiff in Nußdorf, einem Vorort von Wien, anlegte, wurde Sisi von sehr vielen Menschen empfangen. Ihre neue Verwandtschaft, der Bürgermeister, der Pfarrer und viele andere Leute waren da, um die neue Kaiserin zu begrüßen. Sisi war sehr verschüchtert und unsicher: So viele unbekannte Leute jubelten ihr zu.

Sisi und Franz Joseph fuhren in einer Kutsche weiter nach Schloss Schönbrunn. Das war ein riesiges Schloss. Es besaß eintausendsiebenhundert Zimmer. Dort wurde Sisi der gesamten neuen Verwandtschaft vorgestellt, und auch die Diener und Hofdamen kamen, um ihre neue Kaiserin zu begrüßen. Sisi war überwältigt von den vielen neuen Eindrücken. Und schon am nächsten Tag sollte sie heiraten – einen Mann, den sie zwar liebte, den sie aber kaum kannte. Überhaupt war alles so neu, und sie fühlte sich sehr allein. Ihr war zum Weinen zumute. Am Abend fiel sie erschöpft ins Bett und träumte von der bevorstehenden Hochzeit.

Am folgenden Tag war es also so weit. Sisi trug ein wunderschönes Hochzeitskleid. Eine gläserne Kutsche sollte sie zur Trauung in die Augustinerkirche bringen. In dieser Kirche hatten zuvor auch alle anderen Habsburger – so hieß die österreichische Kaiserfamilie

– geheiratet. Sisi fühlte sich in der gläsernen Kutsche sehr unwohl. Eigentlich hätte sie fröhlich sein sollen, lächeln und winken. Sie mochte es aber gar nicht, wenn man sie so anstarrte.

Die Trauung war sehr beeindruckend. Im Inneren der Kirche leuchteten fünfzehntausend Kerzen. Sage und schreibe achtzig Geistliche waren da, um Franz Joseph und Sisi zu trauen. Die Hochzeitsgesellschaft bestand aus über tausend Menschen, die sich alle in der Kirche versammelt hatten. Sisi war so unsicher und schüchtern, dass man ihr „Ja“ nur ganz leise hörte. Franz Joseph aber antwortete sehr laut und deutlich. Er war sehr glücklich und freute sich auf das Leben mit Sisi. Beim Tauschen der Ringe läuteten alle Glocken Wiens. Von diesem Zeitpunkt an hatte die Bevölkerung eine neue Kaiserin: Kaiserin Elisabeth von Österreich.

Ihre Flitterwochen verbrachten Sisi und Franz Joseph in Schloss Laxenburg, etwas außerhalb von Wien. Doch leider waren sie dort nicht allein. Ständig war Erzherzogin Sophie dabei, die Mutter von Franz Joseph, und die hatte ja noch so viel an Sisi auszusetzen: Ihre Zähne seien nicht weiß genug, sie müsse besser Sprachen lernen, sie müsse sich im Park der Bevölkerung zeigen, sie müsse sich benehmen, schließlich sei sie jetzt Kaiserin und kein Kind mehr!

Na bravo! Das hatte Sisi gerade noch gefehlt: jemand, der ihr Tag und Nacht nichts als Vorwürfe machte. Sisi hätte dringend einen Menschen gebraucht, mit dem sie reden und bei dem sie sich ausweinen konnte. Aber da gab es niemanden – Sisi war allein. Franz Joseph hatte nämlich nicht viel Zeit für sie. Sie wohnten zwar zusammen in Laxenburg, aber der Kaiser war den ganzen Tag über nicht da. Er fuhr morgens schon sehr früh in die Stadt, um zu regieren, und nach Hause kam er erst spät. Sisi war also den ganzen Tag mit ihrer Schwiegermutter allein und musste sich deren Anordnungen fügen.

Sisi hatte furchtbares Heimweh. Es war ihr sehr wohl bewusst, dass es viele Mädchen gab, die gerne mit ihr getauscht hätten. Eigentlich hatte sie ja alles, was sie brauchte. Sie lebte in einem wunderschönen Schloss, hatte einen Mann, der sie über alles liebte, und besaß alles, was man sich nur vorstellen konnte. Dennoch war sie unglücklich. Sie fühlte sich wie ein Vogel in einem goldenen Käfig: von Prunk und Pracht umgeben, aber eben nicht frei. Sie sehnte sich nach ihrer Heimat. Bayern und ihre Familie fehlten ihr sehr. Doch es gab kein Zurück mehr. Sie war nun einmal Kaiserin von Österreich und musste sich in ihrer neuen Rolle zurechtfinden.

Muttersorgen

Sisis wichtigste Aufgabe als Kaiserin war es, einen Thronfolger zur Welt zu bringen. Der Thronfolger war der erstgeborene oder älteste Sohn eines Herrschers, der später die Regierung von seinem Vater übernahm, ihm also auf dem Thron folgte. Es war sehr wichtig für die kaiserliche Familie, einen Thronfolger zu haben, denn ansonsten hätte es passieren können, dass die Regierung, also das Recht, über das ganze Land zu bestimmen, an eine andere Familie fiel. Bis zu dem Zeitpunkt, als Franz Joseph Kaiser wurde, hatte seine Familie Österreich schon sechshundert Jahre lang regiert. Nur ein einziges Mal in der ganzen langen Zeit hatte es eine Thronfolgerin gegeben. Das sollte aber eine absolute Ausnahme bleiben, denn es widersprach der Tradition.

Schon ein Jahr nach der Hochzeit war Sisi schwanger. Damals sagte man dazu, sie sei „guter Hoffnung". Doch die Enttäuschung bei der Geburt war groß. Sisi brachte nämlich ein Mädchen zur Welt.

Die Kleine wurde auf den Namen Sophie getauft, nach der Mutter von Franz Joseph, ihrer Großmutter. Sisis kleine Tochter wurde also ausgerechnet nach der Frau benannt, die Sisi gar nicht leiden konnte. Aber danach wurde sie nicht gefragt. Sehr oft wurden Dinge entschieden, ohne dass sie ihre Meinung dazu äußern durfte.

Noch viel schlimmer aber war für Sisi, dass ihre Schwiegermutter beschlossen hatte, die Erziehung der kleinen Sophie zu übernehmen. Die Erzherzogin traute Sisi nämlich nicht zu, dass sie eine gute Mutter sein würde. Die Kleine wurde deshalb in die Gemächer ihrer Großmutter gebracht. Sisi durfte ihre Tochter nur noch nach Anmeldung sehen. Man hatte ihr das Kind einfach weggenommen. Das war das Schlimmste für Sisi und machte sie sehr traurig.

Bereits ein Jahr später war Sisi erneut schwanger. Wieder brachte sie „nur" ein Mädchen zur Welt. Es erhielt den Namen Gisela. Auch Gisela wurde in die Kindskammer gebracht. So nannte man das Kinderzimmer.

Die beiden kleinen Prinzessinnen wurden mit viel Aufwand umsorgt. Es gab viele Bedienstete, die sich um den kaiserlichen Nachwuchs kümmerten. Auch an Spielsachen mangelte es nicht. Aber die Mama, die fehlte einfach. Sisis Kinder konnten keine innige Beziehung zu ihrer Mutter aufbauen. Das war ja auch kein Wunder, wenn sie den ganzen Tag unter der Aufsicht anderer Damen standen.

Als Gisela ein knappes Jahr alt war, unternahmen Sisi und Franz Joseph mit ihren beiden Töchtern eine Reise ins Nachbarland Ungarn. Ungarn gehörte damals zu Österreich. Unterwegs wurden Sophie und Gisela sehr krank. Sie bekamen hohes Fieber. Gisela erholte sich zum Glück bald wieder, doch Sophie verstarb in Budapest, der Hauptstadt Ungarns. Damals konnte man Krankheiten noch nicht so gut und schnell behandeln wie heute.

Die kleine Sophie war nur zwei Jahre alt geworden. Sisi war wochenlang sehr, sehr traurig, und man machte ihr auch noch Vorwürfe, weil sie ihre Kinder auf die weite Reise mitgenommen hatte.

Sisi hatte sich noch nicht richtig von dem Schicksalsschlag erholt, da bekam sie auch schon ihr drittes Kind. Am 21. August 1858 wurde der kleine Kronprinz Rudolf geboren. Endlich – der lang ersehnte Thronfolger hatte das Licht der Welt erblickt! Seine Ankunft wurde mit einhundertundeinem Kanonenschüssen begrüßt. Die Schüsse waren das Zeichen für die Bevölkerung, dass Franz Joseph und Sisi einen Sohn bekommen hatten. Nun waren der Hof und das Volk zufrieden.

Auf dem kleinen Jungen aber lastete eine hohe Erwartung. Sein Vater Franz Joseph machte ihn direkt nach der Geburt zum Oberst der Armee. Rudolf hatte gar keine Wahl. Er musste, wenn er groß wäre, Soldat werden.

Erst 1868, ganze zehn Jahre später, bekam Sisi noch ein weiteres Kind. Es war wieder eine Tochter. Sie wurde in der ungarischen Hauptstadt Budapest geboren und auf den Namen Marie Valerie getauft. Später wurde sie von allen aber nur Valerie gerufen. Zwischen ihrer und Rudolfs Geburt lagen deshalb so viele Jahre, weil sich Sisi und Franz Joseph eine Zeit lang gar nicht gut verstanden hatten. Mittlerweile hatte Sisi gelernt, sich durchzusetzen, und Franz Joseph gab ihren Wünschen nach. So durfte sie nun auch Valeries Erziehung übernehmen. Endlich durfte sie sich selbst um eines ihrer Kinder kümmern! Valerie entwickelte ein inniges Verhältnis zu ihrer Mutter und sie war das einzige der vier Kinder, das auch später immer engen Kontakt zu Sisi hielt.

Wunderschöne Sisi

Viele Menschen, die Sisi einmal irgendwo gesehen hatten, sagten, sie sei die schönste Frau ihrer Zeit. Schön war sie auch ganz bestimmt. Aber man darf nicht vergessen, dass man damals außer den Personen, die man persönlich traf, nur wenige Leute zu Gesicht bekam. Es gab ja noch kein Fernsehen und auch nicht so viele Zeitungen wie heute. Darin waren zudem nur sehr wichtige Persönlichkeiten abgebildet, wie zum Beispiel Staatsoberhäupter – und das waren meistens Männer. Wahrscheinlich gab es noch viele schöne Frauen im Land, man kannte sie aber eben nicht, es gab keine Bilder von ihnen, und es gab auch keinen Grund, welche zu machen. Unter den Frauen, die man kannte, war Sisi eben die schönste.

Von Sisi gibt es ein sehr berühmtes Bild, das gemalt wurde, als sie achtundzwanzig Jahre alt war. Sie ist darauf mit diamantenen Sternen im Haar zu sehen. Diese Schmuckstücke waren Geschenke von Franz Joseph. Sisi besaß sehr viel Schmuck, aber diese Sterne waren etwas ganz Besonderes. Sie bekam sie nämlich nicht alle auf einmal, sondern über mehrere Jahre verteilt. Der Kaiser schenkte sie ihr zum Geburtstag, zum Namenstag, und auch zu den Geburtstagen ihrer Kinder bekam sie immer einen Stern.

Sisi war wirklich sehr schön. Nur ein einziges kleines Problem störte sie, und das waren ihre schlechten Zähne. Die hatte sie von ihren Eltern geerbt, da half auch gründliches Putzen nichts. Das ist der Grund, warum es von Sisi kein Bild gibt, auf dem ihre Zähne zu sehen sind. Sie ließ sich immer mit geschlossenem Mund darstellen. Später, als sie älter wurde, ließ sie sich überhaupt nicht mehr gerne malen oder fotografieren. Sie tat zwar alles für ihre Schönheit, doch sie mochte es nicht, wenn man sie anschaute. Sie war sehr schüchtern und fühlte sich nicht wohl, wenn sie im Mittelpunkt stand. Es gibt sogar Bilder von ihr, auf denen man ihr Gesicht fast nicht sieht. Sie versteckte es oft hinter einem Fächer, einem Schirm oder einem Schleier.

Ganz besonders stolz war Sisi auf ihre Haare. Sie hatte ganz langes, braunes Haar, das fast bis zu den Fußknöcheln reichte. Damals war es aber für eine erwachsene Frau – zumal eine Kaiserin – nicht üblich, sogar unmöglich, dass sie die Haare offen trug. Sie wurden geflochten oder nach oben gesteckt.

Als Sisi einmal in Wien eine Theatervorstellung besuchte, fielen ihr die kunstvollen Frisuren der Schauspielerinnen auf, und sie wollte die Friseurin kennenlernen, die diese Frisuren geschaffen hatte. Die Frau hieß Fanny Angerer. Sisi war ganz begeistert, was sie mit Haaren alles machen konnte.

Von da an war Fanny als persönliche Friseurin nur noch für die Haare der Kaiserin zuständig. Und das war gar nicht so einfach. Das tägliche Frisieren konnte bis zu drei Stunden dauern. Sisi waren ihre Haare sehr wichtig und sie konnte richtig böse werden, wenn beim Kämmen auch nur einzelne davon ausfielen. Sie verlangte von Fanny, dass diese ihr jedes Haar, das im Kamm geblieben war, zeigte. Je mehr Haare das waren, desto schlechter gelaunt war Sisi den ganzen Tag. Und da eine schlecht gelaunte Kaiserin nur schwer zu ertragen war, musste sich Fanny etwas einfallen lassen: Sie befestigte einen Klebestreifen unter ihrer Schürze und so konnte sie die ausgefallenen Haare vor Sisi verstecken. Manchmal musste man eben auch eine Kaiserin überlisten.

Sisis Haare zu waschen und wieder zu trocknen dauerte einen ganzen Tag. Als Pflege wurden Eigelb und Cognac verwendet, das verlieh ihnen einen schönen Glanz. Es gab damals noch kein Shampoo,

das man einfach so kaufen konnte. Manchmal wurden die Haare auch getönt. Man verwendete dafür das Öl einer ganz bestimmten Pflanze. Damit ging es nicht so schnell wie heute. Erst nach vielen Anwendungen konnte man erkennen, dass die Haare eine dunklere Färbung annahmen.

Als besonders lästig empfand Sisi das Trocknen der Haare. Einen Föhn gab es natürlich auch noch nicht. Also wurden die Haare auf einem Billardtisch ausgebreitet, und Sisi musste warten, bis sie trocken waren. Das war furchtbar langweilig. Zum Glück war meistens jemand da, der ihr dabei etwas vorlas.

Sisi war berühmt für ihre Frisuren. Fanny konnte Sisis Haar auf eine besondere Weise flechten, sodass eine Krone aus Haaren entstand. In ganz Europa versuchten die Frauen damals, diese Frisur nachzumachen. Doch so richtig gelang das nicht, denn es gab viele Tricks dabei, und die kannte eben nur Fanny.

Sisi hält zu Ungarn

Ihr ganzes Leben lang überließ Sisi das Regieren ihrem Mann Franz Joseph. Sie interessierte sich nicht für Politik und empfand sie als langweilig. In die meisten Dinge durfte sie sich auch gar nicht einmischen und deshalb wurde sie nicht nach ihrer Meinung gefragt. Wichtige Entscheidungen besprach der Kaiser mit seinen Beratern. Nur ein einziges Mal war das anders:

Der Kaiser herrschte damals über ein riesiges Land. Eigentlich war es ein Verbund vieler einzelner Länder – Länder, deren Bevölkerungen sehr unterschiedlich waren, allein schon die Sprachen waren überall verschieden. Ungarn war eines davon. Dort gab es viele Leute, die nicht mehr zu diesem großen Zusammenschluss unter der Herrschaft Österreichs gehören wollten. Sie wollten in einem unabhängigen Land leben, mit eigener Regierung und eigenen Gesetzen. Aber ganz so einfach war das nicht. Österreich wollte die Ungarn nicht einfach gehen lassen.

Sisi liebte Ungarn. Sie war schon oft dort zu Besuch gewesen. Sie mochte das weite Land sehr gerne, weil man dort reiten konnte, wie man gerade Lust hatte. Sisi war oft stundenlang im Sattel unterwegs. In Ungarn hatte sie auch ihre Ruhe, denn sie blieb meist unerkannt. Wenn sie hingegen in Wien in einem Park ausritt, musste sie sich immer vor den neugierigen Blicken der Leute verstecken. In Ungarn fühlte Sisi sich frei und nicht so beobachtet wie in Wien.

Sisi machte sich Gedanken über die Ungarn und ihre Forderungen. Sie hatte sich vorgenommen, ihnen zu helfen. Doch das war gar nicht so einfach, denn es war ja nicht üblich, dass die Kaiserin sich in politische Dinge einmischte. Da lernte sie einen ungarischen Grafen kennen, der sich für die Interessen seines Volkes und für mehr Eigenständigkeit einsetzte. Er hieß Gyula Andrássy♔ und war ein großer, gutaussehender Mann. Sisi war beeindruckt von ihm. Der Graf teilte auch ihre Liebe für die Pferde. Die beiden verstanden sich schon bald sehr gut, und seine Vorschläge, wie es mit dem Land Ungarn weitergehen könne, trafen bei Sisi auf offene Ohren: Ungarn sollte ein eigenes Königreich werden mit Franz Joseph und Sisi als König und Königin. Damit bekämen die Ungarn endlich eine eigenständige Regierung, und die österreichische Vorherrschaft würde dennoch weiterhin bestehen bleiben.

♔ sprich: Djula Ondrohschi

Diese Idee erschien Sisi einleuchtend. Nun musste sie nur noch Franz Joseph davon überzeugen, und das schaffte sie auch. Sisi freute sich sehr darüber, dass sie sich hatte einsetzen und den Ungarn ihren großen Wunsch erfüllen können. Die Ungarn liebten Sisi und Sisi liebte die Ungarn.

Bald stand der große Tag bevor, an dem Franz Joseph und Sisi in der ungarischen Hauptstadt Budapest zum neuen Königspaar gekrönt werden sollten. Nach altem Brauch musste Sisi den kostbaren, alten Krönungsmantel und die Strümpfe, die Franz Joseph dazu tragen sollte, eigenhändig ausbessern. Das fiel ihr nicht schwer. Mit Nadel und Faden umzugehen, hatte sie schon als kleines Mädchen gelernt. Aber ungewohnt war es schon, denn in Wien wurden Handarbeiten normalerweise von den Hofdamen erledigt.

Dann war es so weit. Der Krönungstag begann um vier Uhr früh mit einundzwanzig Kanonenschüssen. Drei Stunden später zogen Sisi und Franz Joseph, begleitet von vielen wichtigen Personen, von der königlichen Burg in Budapest zur Matthiaskirche. Franz Joseph ritt auf einem Pferd, Sisi saß in einer von Schimmeln gezogenen Prachtkutsche. Entlang den Straßen standen sehr, sehr viele Menschen, die Sisi zujubelten. Die Bevölkerung war begeistert von ihrer neuen

Königin, denn es war ihr bewusst, was sie Sisi verdankte. Es muss ein großartiges Erlebnis gewesen sein für alle, die dabei waren.

Bei der Krönung war auch Graf Andrássy anwesend. Er war inzwischen zum ungarischen Ministerpräsidenten ernannt worden, also zum wichtigsten Mann in Ungarn nach dem König. Er durfte die Krönung vornehmen. Franz Joseph bekam die ungarische Krone auf den Kopf gesetzt, bei Sisi wurde sie über die rechte Schulter gehalten. Damit war es vollzogen: Sisi und Franz Joseph waren das neue Königspaar von Ungarn.

Sisi bekam von den Ungarn ein wundervolles Krönungsgeschenk: Schloss Gödöllö in der Nähe von Budapest, das ihr schon sehr lange gefiel. Sie war schon ein paar Mal als Gast dort gewesen und hatte sich in dieses Schloss verliebt. Franz Joseph hatte es ihr aber nicht kaufen wollen, es war ihm zu teuer. Nun bekam sie es von ihrem Volk geschenkt, aus Dankbarkeit für das, was die neue Königin für das Land getan hatte. Sisi war in diesen Tagen sehr, sehr glücklich.

Sisi und ihr bester Freund

Sisi hatte einen sehr guten Freund. Er hieß Ludwig und war seit 1864 der König von Bayern. Die beiden waren sogar miteinander verwandt. Sisi stammte ja auch aus der bayerischen Königsfamilie. Als Kinder allerdings hatten sie sich kaum gekannt. Natürlich waren sie sich einmal begegnet, da hatten sie aber kaum ein Wort miteinander gesprochen, denn Sisi war acht Jahre älter als Ludwig. Erst kurz nachdem Ludwig König geworden war, lernten sie einander richtig kennen. Sisi war damals mit Franz Joseph in dem bayerischen Ort Kissingen zur Kur, und Ludwig wollte die hohen Gäste begrüßen.

Eigentlich hatte Ludwig nur zwei Tage für seinen Aufenthalt eingeplant, da er sich aber so gut mit Sisi verstand, blieb er vier Wochen. Die beiden verbrachten viel Zeit miteinander, gingen zusammen spazieren, unterhielten sich und trafen sich zum Essen. Sie waren sich sehr ähnlich. Ludwig achtete genau wie Sisi sehr auf sein Äußeres. Er wurde wegen seines guten Aussehens sehr bewundert. Auch Pferde liebte er über alles. Die größte Gemeinsamkeit der beiden bestand aber sicherlich darin, dass sie mit ihrem Leben nicht zufrieden waren. Sisi wollte nicht Kaiserin sein und Ludwig auch nicht König. Er mochte seine Pflichten gar nicht. Er wollte nicht Krieg führen, er wollte keine Entscheidungen treffen müssen, eigentlich wollte er nur seine Ruhe.

Ludwig entfloh, sooft es ging, seiner Hauptstadt München, wo immer Leute um ihn waren, die Pflichterfüllung von ihm verlangten. Er beschäftigte sich viel lieber damit, Schlösser zu bauen. Gleich drei ließ er in Bayern errichten, eines größer und prachtvoller als das andere. Das erste trug den Namen Linderhof und sah aus wie eine große Villa. Das zweite hieß Neuschwanstein und stand auf einem Berg. Das dritte lag sogar auf einer Insel mitten im Chiemsee. Es nannte sich Herrenchiemsee und war das größte der drei Schlösser.

Sisi und Ludwig blieben von ihrem Treffen in Kissingen an immer in Verbindung. Wenn Sisi sich bei ihren Eltern am Starnberger See aufhielt, kam der König sie oft besuchen. Ihm gehörte nämlich auch hier ein kleines Schloss, genau gegenüber, am anderen Ufer des Sees.

Manchmal trafen sich die beiden auch auf der Roseninsel, einer Insel im Starnberger See. Dort gab es eine kleine Villa und darin wiederum einen Schrank, zu dem nur die beiden einen Schlüssel besaßen. Sisi und Ludwig schrieben sich gerne Gedichte. Wenn einer von ihnen allein auf die Insel kam, hinterlegte er für den anderen einen Brief in diesem Schrank.

Fast wäre Sisi auch Ludwigs Schwägerin geworden. Drei Jahre nachdem er König geworden war, verlobte sich Ludwig nämlich mit Sisis jüngster Schwester Sophie. Die beiden Brautleute verstanden sich sehr gut, und in Bayern wurde schon alles für die Hochzeit vorbereitet. Sogar Medaillen wurden geprägt. Doch irgendwas war sonderbar. Erst verschob der König die Hochzeit zweimal, dann löste er die Verlobung wieder auf. Viel später gestand er Sisi dann, dass er gehofft hatte, eine solche Frau zu bekommen, wie Sisi es war. Sophie hatte seine Erwartungen wohl nicht erfüllen können.

Mit der Absage der Heirat brachte Ludwig Sisi in eine schwierige Situation: Einerseits wollte sie ihrem unglücklichen Freund beistehen, andererseits fühlte sie mit ihrer verlassenen Schwester und ihren enttäuschten Eltern. Trotzdem hielt die Freundschaft zu Ludwig ein ganzes Leben.

Allerdings war das Leben des Königs nicht allzu lang. Ludwig wurde nämlich nur vierzig Jahre alt. Er starb im Starnberger See. Bis heute weiß niemand, wie das passierte. Es ist möglich, dass er ertrank, es kann aber auch sein, dass ihn jemand ermordete. Es gab nämlich

Personen an seinem Hof, die ihn für einen schlechten König hielten, der seinem Land schadete.

Sein Tod war ein Schock für Sisi, von dem sie sich lange Zeit nicht erholte. Auch das bayerische Volk war sehr traurig. Noch heute wird König Ludwig II.♔ in seinem Land verehrt, obwohl er schon über einhundertdreißig Jahre tot ist.

Sisi packt das Reisefieber

Als Sisi dreiundzwanzig Jahre alt war, wurde sie plötzlich sehr krank. Die Krankheit betraf ihre Lunge und bereitete ihr Probleme beim Atmen. Sisis Leibarzt – das war ein Arzt, der nur für sie da war – verordnete einen Kuraufenthalt im warmen Süden. Madeira war das Ziel, eine Insel im Atlantischen Ozean. Dort ging es Sisi bald besser, aber zurück nach Hause wollte sie nicht. Sie fühlte sich sehr wohl, so weit weg vom Wiener Hof. Die Kaiserin entdeckte eine neue Leidenschaft. Sisi wollte fremde Länder kennenlernen und ging von da an sehr oft auf Reisen.

♔ sprich: der Zweite

Damals gab es weder Autos noch Flugzeuge. Sisi benutzte die Kutsche oder die Eisenbahn. Damit war sie oft sehr lange unterwegs. Heute fährt man mit dem Auto von Wien nach Ischl in drei Stunden. Mit der Kutsche dauerte das drei Tage. Auch die Züge fuhren noch nicht so schnell. Man brauchte für eine Fahrt dreimal so lange wie heute.

Wenn Sisi mit der Eisenbahn fuhr, wurde ein Waggon extra nur für sie und ihre Bediensteten an den planmäßigen Zug angehängt. Eine Kaiserin konnte ja nicht mit den anderen Passagieren im selben Wagen sitzen. Später baute man sogar einen ganzen Zug nur für Franz Joseph und Sisi. So mussten sie sich nicht mehr nach dem offiziellen Fahrplan richten. Sie konnten auf Reisen gehen, wohin und wann sie wollten.

Sisi war auch oft mit dem Schiff unterwegs. Innerhalb Österreichs auf der Donau, dann weiter über das Meer, so wie auf der Reise nach Madeira.

Sisi fuhr selbstverständlich nie alleine weg. Es begleiteten sie immer sehr viele Leute. Manchmal sogar über hundert Personen. Das kann man sich heute kaum noch vorstellen. Da gab es zunächst die Hofdamen. Das waren Frauen, die nur für die Wünsche der Kaiserin zuständig waren. Sie kauften zum Beispiel für sie ein oder brachten ihre Briefe zur Post. Dann war da der Obersthofmeister. Er war der Leiter des kaiserlichen Haushalts. Er kümmerte sich um alle zeremoniellen Angelegenheiten und organisierte meistens die Reisen. Außerdem hatte Sisi einen Pfarrer dabei sowie ihren Leibarzt. Dazu kamen Köche und Bäcker. Wenn Sisis Kinder mitdurften, natürlich auch deren Lehrer und deren eigene Hofdamen. Manchmal nahm Sisi auch ihre Pferde mit, dann brauchte sie dafür noch Stallburschen.

Mit so vielen Personen zu reisen war ganz schön teuer, und das sorgte für Unmut im Land. Bezahlt wurden die Reisen nämlich aus den Steuern des Volkes. Davon sollten eigentlich Krankenhäuser gebaut werden oder Straßen. Dass die Kaiserin nun von dem Geld Urlaub machte, gefiel den Österreichern gar nicht.

Das war aber nicht der einzige Grund für die Verärgerung der Menschen. Das Volk war der Ansicht, dass die Kaiserin im Land zu bleiben hatte. Sie sollte für den Kaiser da sein. Die öffentliche Meinung über Sisis Verhalten war oft schlecht, und Franz Joseph musste seine Frau darum bitten, doch wenigstens einige Wochen im Jahr in Österreich zu sein.

Sisi war fast in ganz Europa unterwegs: in Italien, Frankreich, der Schweiz, Spanien, Holland und natürlich Bayern. Sogar in Afrika

war sie. Am besten gefiel es ihr aber auf Korfu. Das war eine griechische Insel. Dort war sie sehr oft, und bald kam ihr die Idee, sich eine Villa auf Korfu bauen zu lassen. Diese Villa nannte sie „Achilleion", abgeleitet von Achill, dem Namen eines Helden aus einer griechischen Sage. Die Inneneinrichtung trug die Kaiserin zum größten Teil selbst zusammen. Sie war sehr lange in Südeuropa unterwegs, um passende Möbel auszusuchen.

Franz Joseph war sehr traurig über Sisis lange Abwesenheit, und ihm war klar, dass sie noch viel weniger Zeit bei ihm in Wien verbringen würde, wenn die Villa erst mal fertig wäre. Sisi wusste das natürlich, und Franz Joseph tat ihr auch leid, aber sie konnte sich mit dem Leben in Wien einfach nicht anfreunden – und dass der Kaiser mit ihr zusammen auf Reisen ging, war einfach unmöglich, irgendjemand musste sich ja um Österreich kümmern. Franz Joseph war sehr pflichtbewusst und immer für die Sorgen seines Landes da. Er selbst gönnte sich nur wenige Tage Urlaub im Jahr, und selbst dann stand er morgens um fünf Uhr auf, um Akten zu bearbeiten.

Eines Tages hatte Franz Joseph eine Idee, wie er es ermöglichen könnte, dass seine geliebte Sisi so leben konnte, wie sie es wünschte, gleichzeitig aber bei ihm in Wien blieb. Er ließ ihr in einem großen

Park eine Villa bauen, die er ebenfalls nach einem griechischen Vorbild benannte: die Hermesvilla. Doch leider ging dieser schöne Plan nicht auf. Sisi gefiel die Villa nicht und sie ließ sich auch nicht davon abhalten, weiterhin auf Reisen zu gehen. Sisi sagte einmal, dass es eigentlich das Reisen selbst war, das ihr so viel Freude bereitete, und gar nicht das Ziel. Wenn sie irgendwo angekommen war, wollte sie auch gleich wieder weg. Franz Joseph wusste nun, dass er seine Sisi nicht in Wien halten konnte, und so gab er ihr immer wieder seine Zustimmung, auf Reisen zu gehen.

Pferdenärrin Sisi

Sisi liebte Pferde. Schon als kleines Mädchen lernte sie das Reiten von ihrem Vater. Er zeigte ihr auch, wie man Kunststücke mit einem Pferd machte. Aber die meiste Zeit ritt Sisi aus, über Wiesen und Felder, das bereitete ihr sehr großen Spaß.

Sisi mochte überhaupt alle Tiere sehr gern. In Possenhofen am Starnberger See kümmerte sie sich liebevoll um ihre Vögel, Hunde, Kaninchen und Hühner. Eine Zeit lang hatte Sisi auch ein kleines Rehkitz in Pflege. Das hatte ihr Vater verlassen im Wald gefunden und mit nach Hause gebracht. Er war begeisterter Jäger und viel im Wald unterwegs. Sisi betreute das Tier, bis es groß und stark genug war, um selbst Futter zu finden.

Als Franz Joseph nach der Verlobung Sisi in Bayern besuchte, brachte er ihr als Geschenk einen Papagei mit. Sie freute sich sehr über das exotische Tier. Später in Wien brachte der Papagei einige Male ein ganz schönes Durcheinander in die Zimmer der Kaiserin. Sisi ließ ihn ab und zu aus seinem Käfig, und die Hofdamen hatten alle Mühe, ihn wieder einzufangen.

In Wien hatte Sisi auch Hunde, sehr große Hunde. Hunde konnten für Sisi gar nicht groß genug sein. Ihr Lieblingshund hieß „Shadow“. Am allerliebsten aber waren Sisi die Pferde. Sie wusste sehr gut mit ihnen umzugehen.

In Wien gab es eine berühmte Reitschule, die Spanische Hofreitschule. Dort wurde Dressur geritten. Die Pferde bewegten sich dabei in sehr komplizierten Schrittfolgen und Sprüngen zur Musik. Das wollte Sisi auch lernen. Sie bekam einen sehr guten Lehrer, und schon bald konnte sie mit den besten Reitern mithalten. Die Kaiserin wurde dafür sehr bewundert.

Sisi hatte ja schon als Kind Spaß gehabt an den Kunststücken, die ihr Vater ihr beibrachte. In Wien freundete sie sich mit der Kunstreiterin Elise Renz an. Elise stammte aus dem berühmten Zirkus Renz. Sie zeigte Sisi zum Beispiel, wie man auf einem Pferderücken stehend durch einen Reifen sprang, ohne das Gleichgewicht zu verlieren. Heute nennt man solche Übungen „Voltigieren“.

Die Freundschaft mit Elise wurde innerhalb der kaiserlichen Familie nicht gerne gesehen. Elise stammte nicht aus einem adeligen Haus, und Sisi hätte sich deshalb eigentlich gar nicht mit ihr treffen dürfen. Aber wenn die Kaiserin etwas verlangte, dann bekam sie es

auch. Regeln hin oder her. Sie wollte Kunststücke lernen, und zwar von der besten Lehrerin, die es gab, einerlei ob diese eine Gräfin war oder nicht. Sisi hätte gerne alle Menschen gleich behandelt. Ihr war es egal, ob jemand arm oder reich war. Für sie war nur wichtig, welche Fähigkeiten die Person besaß und was sie von ihr lernen konnte.

Was die Art des Reitens betraf, hatte Sisi den größten Spaß bei Jagden. Bei solchen Veranstaltungen kamen sehr viele Reiter zusammen, und die Kaiserin konnte allen zeigen, wie gut sie ritt. Oftmals war sie die einzige Frau dabei, denn Jagdritte waren auch sehr gefährlich. Es wurde sehr, sehr schnell geritten, über weite Gräben und hohe Hecken gesprungen. Sisi ritt zunächst bei Jagden in Österreich und in Ungarn, später auch in England und Irland. Dort war das Jagdreiten noch viel beliebter, und es gab besondere Waldstücke, die eigens dafür vorbereitet wurden.

In Irland lernte Sisi einen Mann namens Bay Middleton kennen. Er war ein hervorragender Reiter und sollte Sisis neuer Lehrer werden. Anfangs war er skeptisch. Er traute der Kaiserin nicht zu, dass sie überhaupt schon einmal auf einem Pferd gesessen hatte. Ausgerechnet ihr sollte er die schwierigste aller Reitdisziplinen beibringen. Doch er hatte sich getäuscht. Als er Sisi im Sattel erlebte, war er begeistert. Solch einer guten Reiterin war er noch nie begegnet. Er war geehrt, dass er Sisis Lehrer sein durfte, und sie war seine gelehrige Schülerin. Sie trug immer ein kleines Notizbuch bei sich, worin sie auch die kleinste Kleinigkeit aufschrieb, an der sie noch weiter üben musste.

Sisi hatte gegenüber den männlichen Reitern einen bedeutenden Nachteil. Als Frau und Kaiserin musste sie immer ein Kleid tragen, und so konnte sie ihre Beine nicht über den Rücken des Pferdes spreizen. Deshalb ritt sie im Damensattel. Darin lagen beide Beine auf derselben Seite und sie hatte somit größere Mühe, sich auf dem Pferd zu halten. Damensättel gibt es heute nur noch ganz selten, und es gibt auch nur noch wenige Frauen, die das Reiten damit beherrschen. Aber Sisi konnte es – und wie sie es konnte. Einer ihrer Reiterfreunde sagte einmal voller Bewunderung: „Sie sieht aus wie ein Engel und reitet wie der Teufel.“

Sisi gab sich sehr viel Mühe, beim Reiten auch besonders hübsch auszusehen. Auf dem geflochtenen Haar trug sie bei Jagden einen Zylinder, und in ihre Kleider ließ sie sich sogar einnähen, das heißt, sie zog das Kleid an und eine Schneiderin nähte es dann ganz eng am Körper zu. Um ihre zarten Finger zu schützen, trug sie immer drei Paar Handschuhe übereinander. So konnten die Zügel nicht an den Händen reiben und Blasen verursachen. Sie dachte an alles und war immer perfekt vorbereitet, wenn es wieder zur Jagd ging. Sisi sah auf dem Pferd großartig aus, und sie liebte es, von ihren Freunden bewundert zu werden.

Eine Kaiserin hat Hobbys?

Schon als junges Mädchen schrieb Sisi gerne Gedichte. Sie hatte sich das von ihrem Vater abgeschaut. Ihre Gedanken vertraute sie einem Tagebuch an. Das behielt sie ihr Leben lang bei.

Sisi las auch sehr viel. Unter anderem beschäftigte sie sich mit den Büchern von Heinrich Heine. Das war ein deutscher Schriftsteller. Sie konnte sich in seine Geschichten richtig hineinversetzen. Sisi schwärmte für ihn und bildete sich ein, dass er ihr eingab, was sie schreiben sollte – als ob er der Kaiserin persönlich diktierte. Sie konnte gar nicht genug von ihm bekommen.

Außerdem las Sisi griechische Sagen. Darin ging es um die Helden aus dem antiken Griechenland. Sisi wollte unbedingt alles darüber wissen, und so holte sie auch einen echten Griechen zu sich an den Hof. Constantin Christomanos hieß der junge Mann. Er war Dichter und Schriftsteller und wusste Bescheid über die griechische Geschichte, von der Sisi so fasziniert war. Zwei Jahre lang war er der Lehrer und Vorleser der Kaiserin.

Sisi war eine sehr kluge, gebildete Frau und sehr neugierig. Wenn sie etwas interessierte, wollte sie alles darüber wissen und lesen, was es an Büchern gab. Auch in fremden Sprachen konnte sie diese Bücher lesen. Sie beherrschte ja Englisch, Französisch, Ungarisch, Kroatisch, Böhmisch und inzwischen auch Griechisch.

Neben dem Lesen und Schreiben trieb Sisi sehr viel Sport. Das war für die damalige Zeit ungewöhnlich. Damen aus besseren Kreisen betätigten sich nicht körperlich – Sisi schon. Sie hatte sich ein tägliches Fitnessprogramm zusammengestellt. Dazu gehörte zum Beispiel das Turnen an Geräten. Sie hatte sich in allen Schlössern und Villen, in denen sie sich öfter aufhielt, extra dafür einen Raum einrichten lassen. Darin gab es eine Sprossenwand und Ringe, die im Türrahmen aufgehängt waren. Wenn eine Reise mit langem Aufenthalt in einem Hotel

geplant war, musste sogar dort ein Zimmer entsprechend ausgestattet werden.

Manchmal wurde wegen der Kaiserin sogar umgebaut. Wenn Sisi ihre Eltern in Possenhofen am Starnberger See besuchte, dann wohnte sie nicht bei ihnen im Schloss, sondern in einem Hotel in der Nähe. In diesem Hotel hatte man nachträglich eine Wendeltreppe eingebaut, sodass die Kaiserin von ihren Zimmern schneller in den Garten gelangen konnte. Selbstverständlich gab es hier auch ein Turnzimmer, das war komplett mit Matratzen ausgelegt.

Wenn Sisi in ihrer bayerischen Heimat weilte, ging sie oft im Starnberger See schwimmen. Zuvor wurde jedesmal ein großes Stück des Sees gesperrt, damit die Kaiserin ungestört blieb. Die Polizei hatte immer alle Hände voll zu tun, wenn Sisi irgendwo Urlaub machte.

Die größte Mühe bereitete der Polizei allerdings ein anderes Hobby der Kaiserin: Sie liebte es, zu laufen. Zuerst waren es gemütliche Spaziergänge – kein Problem für Hofdamen und Bewacher. Im Lauf der Zeit wurden die Strecken aber immer länger, und Sisi lief immer schneller. Die Polizei konnte ihr nicht mehr folgen. Sisi machte sich oft einen Spaß daraus, ihre Beschützer abzuhängen. Auch den Hofdamen, die Sisi ja immer begleiteten, gelang es kaum mitzuhalten.

Acht Stunden am Stück marschierte die Kaiserin manchmal, und das in einem enormen Tempo. Sisi musste deshalb neue Hofdamen einstellen – solche, die gesund und sportlich genug waren.

Als Sisi älter wurde, konnte sie diese gewaltigen Anstrengungen selbst nicht mehr erbringen und auch das Reiten fiel ihr schwer. Da fand sie eine andere Beschäftigung: das Fechten. Sie nahm sich einen Fechtlehrer und trainierte sehr fleißig.

Sisi wurde es nie langweilig. Sie beschäftigte sich mit interessanten Dingen, las oder verfasste Gedichte, trieb Sport oder musizierte – die Kaiserin spielte Zither und Klavier – wenn sie nicht gerade mal wieder auf Reisen war und die Landschaft bewunderte, denn das war ihre liebste Beschäftigung.

Guten Appetit …

Sisi legte sehr großen Wert auf ihre Figur und sie freute sich darüber, wenn sie für ihre schlanke Taille bewundert wurde. Bei einer Körpergröße von einem Meter zweiundsiebzig wog sie immer zwischen fünfundvierzig und fünfzig Kilogramm. Sie war also sehr dünn – zu dünn. Sie wog sich jeden Tag, manchmal sogar mehrmals, und notierte jede Veränderung ihres Gewichts in einem kleinen Buch. Sobald die Waage mehr als fünfzig Kilogramm anzeigte, hielt Sisi strenge Diät. Das war alles andere als gesund.

Sisi hatte sehr seltsame Ernährungsgewohnheiten. An manchen Tagen trank sie nur Rindfleischsaft – Franz Joseph ekelte sich richtig davor. Oder sie trank nur Orangensaft. Zuweilen musste der Saft von sechs Orangen für einen ganzen Tag reichen – das war gerade mal ein großes Glas voll. Ein anderes „Essen“ – so nannte sie das – war Eiweiß mit Salz. Oft aß sie auch nur eine Suppe. Meistens nahm sie also flüssige Dinge zu sich.

Am allerliebsten trank Sisi Milch. Die musste natürlich ganz frisch sein, und deshalb wurden eigens Kühe und Ziegen angeschafft.

Die Tiere fanden ihren Platz im Garten von Schloss Schönbrunn und wurden sehr gut gepflegt und oft untersucht, damit ihnen auch ja nichts fehlte. Wenn Sisi auf Reisen ging, nahm sie sie sogar mit. Schwierigkeiten gab es allerdings, wenn sie mit dem Schiff auf dem Meer unterwegs war. Die Kühe wurden dann seekrank und gaben keine Milch mehr.

Das Essen war in Schlössern überhaupt ein großes Thema. Oft wurden Gäste eingeladen. Das war für diese eine große Ehre, man war stolz darauf, wenn man mit dem Kaiser essen durfte. Meistens waren die Gäste Politiker oder andere wichtige Leute.

Der Tisch in der Wiener Hofburg war immer prunkvoll dekoriert. Etwas ganz Besonderes waren dabei die Servietten. Die waren aus weißem Stoff und einen ganzen Quadratmeter groß. Das ist ungefähr dreimal so groß, wie man es heute kennt. Diese Servietten umgab ein großes Geheimnis. Sie wurden nämlich auf eine ganz bestimmte Art zu einer Lilie gefaltet. Das war sehr kompliziert und es gab nur sehr wenige Personen, die wussten, wie das funktionierte. Diese Technik wurde nirgendwo aufgeschrieben, sondern nur mündlich weitergegeben.

Es gab viele Regeln, die man zu beachten hatte, wenn man beim Kaiser oder bei der Kaiserin zu Gast war. Eine davon war ganz besonders wichtig: Wenn der Kaiser aufhörte zu essen, mussten alle anderen auch aufhören. Ganz gleich, ob der Teller noch voll war und das Essen sehr gut schmeckte. Wenn der Kaiser sein Besteck ablegte, hatten alle anderen auch satt zu sein. Franz Joseph war dafür bekannt, dass er sehr schnell aß, und so musste man damit rechnen, dass man nicht satt war, wenn er das Essen beendete. Gäste, die das schon gewohnt waren, reservierten vorsorglich einen Tisch im „Sacher“, einem sehr edlen und teuren Hotel in Wien, um dann anschließend doch noch weiter essen zu können.

Sisis Sorge war das nicht. Sie hatte mit anderen Problemen zu kämpfen. Gleich mehrere Krankheiten plagten sie. Oft schmerzten sie Beine, Rücken oder Kopf und eigentlich war sie ständig bei Ärzten in Behandlung – den besten selbstverständlich. Gegen ihre Probleme beim Atmen behandelte sie ein Lungenspezialist, gegen die Schmerzen in den Knochen sollten Massagekuren in Holland helfen.

Diese gesundheitlichen Probleme belasteten Sisi sehr stark. Aber schuld daran war sie selbst, weil sie ihre Lebensgewohnheiten nicht ändern wollte. Sie hätte einfach mehr essen müssen. Auch durch den übermäßigen Sport hatte ihr Körper sehr gelitten. Doch sie konnte nicht damit aufhören. Sie war oft sehr traurig und fühlte sich einsam. Dann wurde sie von einer inneren Unruhe ergriffen und musste sich einfach bewegen. Sisi hoffte, so ihre Traurigkeit zu vertreiben, aber in Wahrheit wurde sie dadurch nur noch unruhiger. Es war ein Teufelskreis. Ihr körperlicher Zustand und ihre Traurigkeit wurden immer schlimmer.

Große Trauer um Sisi

Sisi war wieder einmal auf Reisen, diesmal in der Schweiz. Sie wohnte in einem vornehmen Hotel in Genf am Genfer See. Sisi war zum Einkaufen in der Stadt gewesen und hatte einige Dinge besorgt, die sie ihren Kindern und Enkelkindern, die zu Hause geblieben waren, mitbringen wollte.

Um die Mittagszeit machte sie sich auf den Weg vom Hotel zu einem Schiff, mit dem sie auf die andere Seite des Sees fahren wollte.

Sisi wurde von ihrer Hofdame Irma begleitet. Die beiden waren spät dran und mussten sich beeilen, damit das Schiff nicht ohne sie abfuhr. Kurz vor der Anlegestelle kam plötzlich ein Mann auf die Kaiserin zu, stieß sie zu Boden und rannte davon. Sisi glaubte, der Mann hatte ihre Uhr stehlen wollen. Es fehlte ihr scheinbar nichts, sie stand wieder auf und konnte das Schiff noch erreichen.

Doch kaum dort angekommen, wurde Sisi bewusstlos und fiel wieder hin. Sie war nicht mehr ansprechbar. Sofort öffnete Irma Sisis enge Kleidung, damit diese besser atmen konnte. Dabei entdeckte sie auf Sisis Brust, in der Nähe des Herzens, einen kleinen Blutstropfen. Die Hofdame erkannte, was passiert war: Der Mann, der die Kaiserin gestoßen hatte, hatte mit etwas auf sie eingestochen.

Sisis Hofdame befahl dem Kapitän, sofort umzukehren. Ein paar Männer trugen die Kaiserin vom Schiff zurück ins Hotel. Dort wurde ein Arzt gerufen, aber der konnte nichts mehr für Sisi tun. Sisi wachte einfach nicht mehr auf. Sie starb im Hotel, ohne Schmerzen. Sisi war sechzig Jahre alt.

Der Täter konnte nach kurzer Flucht verhaftet werden. Er hieß Luigi Lucheni. Auch seine Waffe, eine Feile, die er eigens für sein Vorhaben angespitzt hatte, konnte gefunden werden. Damit hatte er die

Kaiserin ermordet. Zur Begründung, warum er das getan hatte, gab er an, er sei ein Anarchist. Das heißt, er war jemand, der alle Herrscher und ihre Familien hasste. Deshalb hatte er ein Attentat auf einen französischen Prinzen geplant, von dessen Besuch in Genf in der Zeitung zu lesen gewesen war. Doch der Prinz kam nicht, und so suchte sich der Mörder Sisi, die Kaiserin von Österreich, als Opfer aus. Er wurde zu lebenslanger Haft verurteilt.

Franz Joseph war natürlich unendlich traurig, als er die schreckliche Nachricht erfuhr. Mit einem Sonderzug ließ er die tote Kaiserin von Genf nach Hause holen. Am Tag der Beerdigung war ganz Wien auf den Beinen. Jeder wollte dem Kaiser in dieser schweren Stunde beistehen. Es gab einen großen Trauerzug, und Massen von Menschen säumten die Straßen. Eine große schwarze Kutsche, die von schwarzen Pferden gezogen wurde, brachte den Sarg von der Hofburg zur Kaisergruft. Diese befand sich unter der Kapuzinerkirche und war die Grablege der Habsburger. Dort wurde Sisi bestattet.

Noch heute, über hundert Jahre nach ihrem Tod, wird Sisi von vielen Menschen verehrt. Unzählige Bücher beschäftigen sich mit ihr, mehrere Filme erzählen ihr Leben. Die Faszination für diese außergewöhnliche Frau hat sie scheinbar unsterblich gemacht.

Franz Josephs kaiserliches Frühstück

Da Sisi so viel unterwegs war, war Franz Joseph oft einsam in Wien. Der Kaiser hatte zwar seine Berater um sich, wie jeder Mensch brauchte er aber jemanden, dem er sich anvertrauen konnte, der ihm zuhörte und ihm mit seinem Rat zur Seite stand. Deshalb fehlte ihm Sisi sehr, er hätte gerne mit ihr gesprochen, ihre Meinung zu verschiedenen Dingen erfahren.

Sisi hatte ein sehr schlechtes Gewissen deswegen. Doch eines Tages kam ihr eine Idee: Sie würde dem Kaiser eine Vertraute suchen. Die Richtige war auch schnell gefunden. Franz Joseph ging gerne ins Burgtheater, denn er war begeistert von der Schauspielerin Katharina Schratt. Sisi lud Katharina an den Hof ein. Alle drei verstanden sich sofort sehr gut und Katharina wurde Franz Josephs beste Freundin. Bei ihr konnte er sich ein bisschen vom Regieren ausruhen und vor allem konnte er mit Katharina reden. Er hörte nun auch einmal eine andere Meinung, nicht nur die, die seine Berater vertraten. Das war ihm sehr wichtig. Katharina erzählte dem Kaiser Dinge, die er sonst nie erfahren hätte. Zum Beispiel welche Sorgen und Nöte sein Volk hatte. Die Schauspielerin war ja eine ganz einfache Frau – keine Gräfin, keine Prinzessin, einfach nur Katharina.

Franz Joseph kaufte seiner besten Freundin ein Haus bei Schloss Schönbrunn in Wien und auch eines unweit der Kaiservilla in Ischl. So war sie immer in seiner Nähe. Er ging gerne zu ihr – meistens zu Frühstück.

Katharina backte für den Kaiser immer einen Gugelhupf, das ist ein Hefekuchen, der in einer besonderen Backform gebacken wird. Möchtest du wissen, wie er schmeckt? Hier ist das Rezept:

500 g Weizenmehl
30 g frische Hefe
100 g Zucker
250 ml Milch
200 g weiche Butter
2 Eier
40 g gehackte Mandeln
250 g Rosinen (oder Schokoladenstreusel)
fein geriebene Schale einer halben Zitrone

1 Prise Salz
Puderzucker zum Bestäuben

Das Mehl in eine große Schüssel sieben, in die Mitte eine Mulde hineindrücken und die Hefe hineinbröckeln. Die Hefe zusammen mit einem Teelöffel Zucker und etwas lauwarmer Milch zu einem Brei verrühren. Die Schüssel an einem warmen Ort stehen lassen, bis die Hefemasse Blasen gebildet und sich verdoppelt hat.

Wenn Rosinen verwendet werden, diese in einem Sieb unter fließendem Wasser abspülen, dann mit Küchenpapier abtrocknen und mit etwas Mehl bestäuben.

Die Butter in kleinen Stücken auf dem Mehlrand um die Hefemasse verteilen, die anderen Zutaten hinzufügen und das Ganze zu einem geschmeidigen Teig kneten. Den Teig zu einer Rolle formen, dann zu einem Ring schließen und in die gefettete Gugelhupf-Form geben. Die Form mit einem sauberen Tuch zudecken und den Teig noch einmal gehen lassen, bis er die Form vollständig ausfüllt.

Im auf 200 Grad vorgeheizten Backofen 50 bis 60 Minuten backen. Den fertigen Gugelhupf aus der Form stürzen und mit Puderzucker bestäuben.

Katharina hat für den Kaiser aber nicht nur gebacken. Manchmal bereitete sie Franz Joseph auch eines seiner Leibgerichte zu: den Kaiserschmarrn.

Man weiß nicht genau, wie diese Süßspeise entstanden ist, sicher ist aber, dass sie etwas mit Franz Joseph zu tun hat. Es gibt dazu eine Geschichte: Der Kaiser geriet auf einer Bergtour in ein Unwetter und suchte mit seinen Begleitern in einer Almhütte Schutz. Dort war natürlich niemand auf den hohen Besuch eingerichtet. Einfache Leute aßen damals Holzfällerschmarrn, die Zutaten dafür – Mehl und Milch – hatte man immer im Haus. Für den Kaiser bereitete man dann in dieser Hütte eine Luxus-Version des Holzfällerschmarrns. Das Rezept wurde mit Zucker, Eiern und Rosinen verfeinert. So wurde aus dem Einfache-Leute-Essen der mittlerweile weltberühmte Kaiserschmarrn.

Hast du jetzt Appetit bekommen auf einen Kaiserschmarrn? So wird er gemacht:

6 Eier
80 g Zucker
1 Päckchen Vanillezucker
80 g Mehl

3 EL süße Sahne
1 Prise Salz
Rosinen (je nach Geschmack)
Butter zum Ausbacken
Puderzucker zum Bestäuben

Zuerst die Eier trennen. Das Eiweiß mit einer Prise Salz steif schlagen. Die Eigelbe zusammen mit dem Zucker, dem Vanillezucker, dem Mehl, der Sahne und den Rosinen in einer zweiten Schüssel zu einer glatten Masse verrühren. Dann das Eiweiß hinzufügen und vorsichtig unterheben.

Den Teig in etwas Butter in einer Pfanne ausbacken, bis die Unterseite goldbraun ist. Dann wenden und die andere Seite ebenso bräunen. Zum Schluss wird der Kaiserschmarrn mit zwei Gabeln zerrupft, mit Puderzucker bestäubt und noch ein bisschen in der Pfanne ruhen gelassen.

Vor dem Servieren wird der Kaiserschmarrn noch einmal mit Puderzucker bestäubt. Dazu gibt es in Österreich einen „Zwetschkenröster“, das ist ein Mus aus Zwetschgen. Es passt aber auch sehr gut Apfelmus oder anderes Obst dazu.

Das Sisi-Kreuzworträtsel

Es gab etwas, das aß Sisi besonders gerne. Es wurde durch sie so berühmt, dass es in Österreich noch heute in Konditoreien hergestellt wird. Möchtest du wissen, was das war? Dann beantworte die folgenden Fragen und trage die Lösungen in die entsprechenden Zeilen im Rätselgitter ein – jeden Buchstaben in ein eigenes Kästchen; ä, ö, ü sind hier erlaubt. Wenn eine Antwort aus zwei Worten besteht, lass kein Kästchen frei, sondern schreibe gleich weiter.

Wenn du alles gelöst hast, bilden die Buchstaben in den roten Kästchen von oben nach unten gelesen das Lösungswort.

1. Wie hieß Sisis jüngste Tochter?
2. In welchem Land ist Sisi gestorben?
3. Wie heißt die Hauptstadt von Österreich?
4. Welches Schloss bekam Sisi von den Ungarn geschenkt?
5. Wie heißt das große Schloss in Wien mit eintausendsiebenhundert Zimmern?
6. Wie heißt das Schloss in Bayern, wo Sisi die Sommer verbrachte?

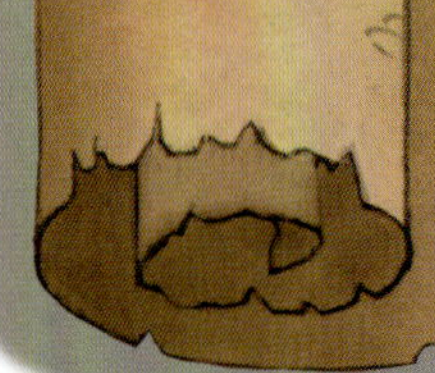

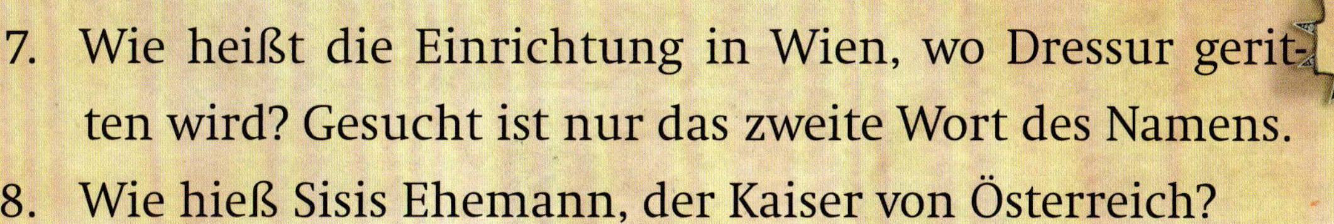

7. Wie heißt die Einrichtung in Wien, wo Dressur geritten wird? Gesucht ist nur das zweite Wort des Namens.
8. Wie hieß Sisis Ehemann, der Kaiser von Österreich?
9. In welcher Kirche hat Sisi geheiratet?
10. Wie hieß Sisis Freund, der bayerische König?
11. Wie heißt die Hauptstadt von Ungarn?

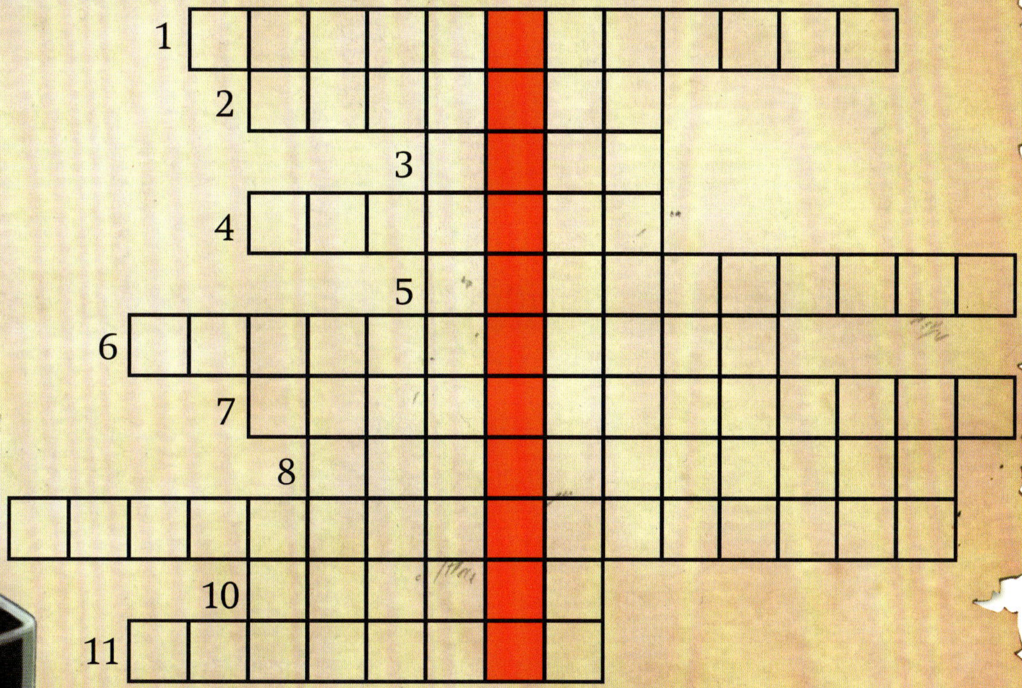

Das Sisi-Spiel

Sisi ist zu Besuch bei ihren Eltern in Possenhofen. Von dort aus möchte sie auf die griechische Insel Korfu reisen, in ihre Villa „Achilleion“. Sisi will sich unterwegs etwas Zeit lassen und einige Schlösser besuchen. Zuerst fährt sie nach Ischl in die Kaiservilla, dann nach Wien ins Schloss Schönbrunn. Weiter geht es nach Ungarn, dort wohnt sie in der Burg von Budapest. Anschließend reist sie weiter nach Italien ins Schloss Miramare, bevor sie dann auf der Insel Korfu ankommt.

Zur Spielvorbereitung: Holt euch aus eurer Spielesammlung Spielfiguren in unterschiedlichen Farben – für jeden Mitspieler eine – und einen Würfel. Stellt die Spielfiguren auf das Bild mit dem Schloss Possenhofen, dort ist der Start.

Die Spielregeln: Es wird reihum gewürfelt, jeder Mitspieler hat pro Runde einen Wurf, der jüngste beginnt.

Nach jedem Wurf darf die betreffende Spielfigur um so viele Felder vorgerückt werden, wie der Würfel Augen zeigt. Wenn der Zug der Figur dabei genau auf einem schwarzen Feld bei einem

Schloss endet, darf sie gleich noch einmal um zwei Felder vorgerückt werden.

Trifft ein Spieler mit einem Zug seiner Figur genau auf ein Feld mit einer Ziffer (1-6), so muss er die zugehörige Anweisung befolgen. Was dann zu tun ist, könnt ihr unten nachlesen.

Gewinner des Spiels ist, wer zuerst am Achilleon ankommt.

1 Vor der Reise lässt sich Sisi noch die Haare waschen. Das dauert einen ganzen Tag. Du musst einmal aussetzen.

2 Mit dem Schiff auf der Donau geht es schnell voran. Du darfst drei Felder vorrücken.

3 In Wien hat Sisi viel zu erledigen. Du musst einmal aussetzen.

4 Ach du Schreck, Sisi hat in Wien etwas vergessen! Du musst zwei Felder zurück.

5 Von Budapest nach Miramare fährt Sisi mit einem schnellen Zug. Du darfst vier Felder vorrücken.

6 In Miramare ist so schönes Wetter, dass Sisi etwas länger bleibt. Du musst zweimal aussetzen.

Weitere Titel aus dem Morstadt Verlag
(Gerne senden wir Ihnen einen Gesamtprospekt zu)

Nadine Strauß
Martin Luther
Heldenmut im Mönchsgewand

84 Seiten, 25 Abbildungen, darunter 17 z. T. doppelseitige Suchbild-Illustrationen, fester Einband, fadengeheftet,
€ 19,90 [D], € 20,50 [A]
ISBN 978-3-88571-380-7

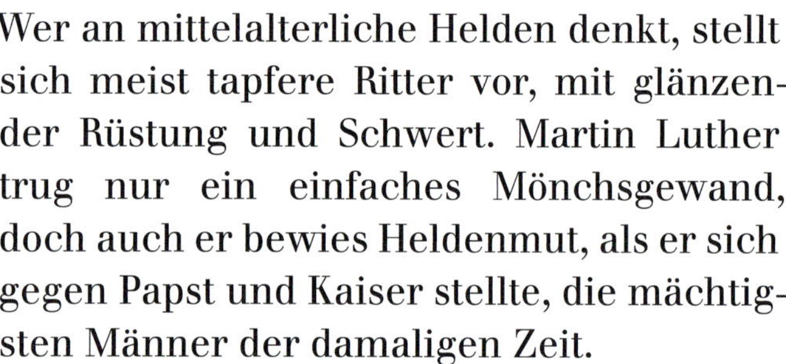
Wer an mittelalterliche Helden denkt, stellt sich meist tapfere Ritter vor, mit glänzender Rüstung und Schwert. Martin Luther trug nur ein einfaches Mönchsgewand, doch auch er bewies Heldenmut, als er sich gegen Papst und Kaiser stellte, die mächtigsten Männer der damaligen Zeit.

Martin ist 21, als er Mönch wird, um ein Leben nach den Regeln Gottes zu führen. Er hofft, dadurch von Sünden frei und vor dem Fegefeuer verschont zu werden – denn davor hat Martin wie alle Menschen des Mittelalters große Angst. Er geht fleißig zur Beichte und kauft sogar einen Ablassbrief, der ihm den Segen des Papstes und den Erlass all seiner Sünden verspricht. Eines Tages findet Martin aber heraus, dass von Beichte und Bußübungen, wie die Kirche sie verlangte, und von Ablassbriefen gar nichts in der Bibel steht – und dass der Papst damit manchen armen Gläubigen um sein letztes Geld betrügt. Er bringt seine Entdeckung an die Öffentlichkeit und begibt sich damit in große Gefahr …

Nadine Strauß möchte ihre Leser nicht nur für die Beschäftigung mit einer historischen Person begeistern, sondern auch abwechslungsreich unterhalten. Wer beim Lesen gut aufpasst, kann das Kreuzworträtsel am Ende des Buches mühelos lösen. Für Spannung zwischendurch sorgen die Illustrationen, in denen es jeweils ein kleines Suchobjekt zu entdecken gibt. Fantasie ist beim Entwerfen eines Wappens und bei der Anfertigung einfacher Druckformen gefragt. Kurzweil bieten lustige Schattenspiele, und beim Dialekt-Spiel werden Begriffe in Mundart gesucht.

Für kleine und große Leser ab 6 Jahren.

Nadine Strauß

Ludwig II.

Ein König wie aus dem Märchen

88 Seiten, fadengeheftet, fester Einband mit Glanzfolienkaschierung. Mit 17 z. T. doppelseitigen Suchbild-Illustrationen von Yannick Lefrançois, einer Ahnentafel zum Ausfüllen, Kreuzworträtsel und beigefügtem Spielplan.

14,90 Euro [D]/15,40 Euro [A]

ISBN 978-3-88571-366-1

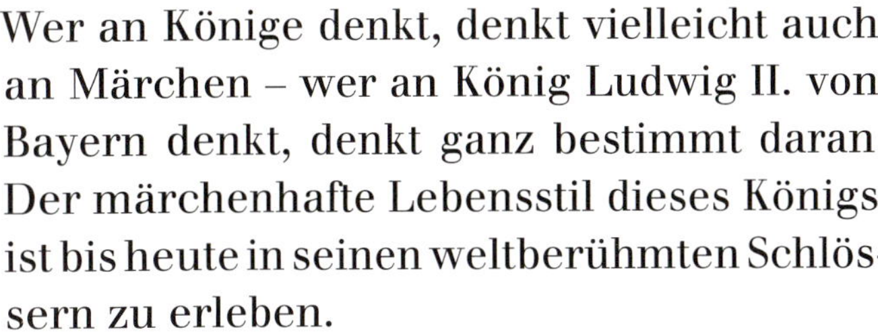

Wer an Könige denkt, denkt vielleicht auch an Märchen – wer an König Ludwig II. von Bayern denkt, denkt ganz bestimmt daran. Der märchenhafte Lebensstil dieses Königs ist bis heute in seinen weltberühmten Schlössern zu erleben.

Ludwig ist erst 18 Jahre alt, als plötzlich sein Vater stirbt und er selbst den bayerischen Thron besteigen muss. Das Volk bejubelt den jungen, anmutigen König und ist begeistert, wenn er sich zeigt. Doch Ludwig ist scheu und meidet die Menschen. Er ist am liebsten allein. Schon als kleiner Junge hat er davon geträumt, sich seine eigene, unberührte Welt zu erschaffen: mit stolzen Burgen und prachtvollen Schlössern, und darin nur er, als edler Held und Ritter – ganz wie im Märchen. Nun, da er König ist, besitzt er Macht und Mittel dazu. Also beginnt Ludwig, zu bauen …

Nadine Strauß möchte kleine und größere Leser nicht nur für die Beschäftigung mit einer historischen Person begeistern, sondern auch abwechslungsreich unterhalten. Wer beim Lesen gut aufpasst, kann das Kreuzworträtsel am Ende des Buches mühelos lösen. Für Spannung zwischendurch sorgen die liebevoll und detailreich gestalteten Illustrationen, in denen es jeweils ein kleines Suchobjekt zu entdecken gibt. Ludwigs Ahnentafel gibt Anleitung, eine noch leere Vorlage mit den Namen und Daten der eigenen Vorfahren zu füllen, und der beiliegende Spielplan lädt zu einem lustigen Spaziergang durch den Schlosspark von Linderhof ein.

Für neugierige Leser von 6 bis 96.